Wer die **Augen** offenhält, dem wird im Leben manches glücken. Doch noch besser geht es dem, der **versteht**, eins zuzudrücken.

Johann Wolfgang von Goethe

Will das Glück nach seinem Sinn
dir was Gutes schenken,
sage Dank und nimm es hin
ohne viel Bedenken.
Jede Gabe sei begrüßt,
doch vor allen Dingen:
Das, worum du dich bemühst,
möge dir gelingen!

Wilhelm Busch

Wer *lächelt*, *statt zu toben*, *ist* immer *der* Stärkere

benno

Glück ist eine stille Stunde,
Glück ist auch ein gutes Buch,
Glück ist Spaß in froher Runde,
Glück ist ein freundlicher Besuch.

Clemens Brentano

Man soll die
Leute froh machen!
Es macht mich
glücklich,
die Leute fröhlich
zu sehen.

Louis Armstrong

Leicht zu leben ohne Leichtsinn,
heiter zu sein ohne **Ausgelassenheit**,
Mut zu haben ohne Übermut –
das ist die **Kunst** des **Lebens**.

Theodor Fontane

Um **klar** zu sehen, genügt oft ein **Wechsel** der **Blickrichtung.**

Antoine des Saint-Exupéry

Jeder **Mensch**
ist ein Clown,
aber nur wenige
haben den **Mut**,
es zu zeigen.

Charlie Rivel

Die wahren **Lebenskünstler**
sind bereits glücklich,
wenn sie nicht **unglücklich** sind.

Jean Anouilh

Kümmere dich **nicht** um das,
was die Kritiker sagen.
Meines **Wissens** hat
man noch keinem von ihnen
je ein **Denkmal** gesetzt.

Jean Sibelius

Aus **vier** Augen sieht die Welt
viel **heiterer** aus als aus zweien.

Sprichwort

Seitdem ich nicht mehr
mich selbst suche,
führe ich das
glücklichste Leben,
das man sich denken kann.

Thérèse von Lisieux

Die beste
Möglichkeit,
in Frieden zu leben:
kein **Aufhebens** um
kleine Dinge machen,
denjenigen gut
behandeln, der uns
schlecht behandelt,
und **lieber** unten
als oben sein.

Papst Johannes XXIII.

Was nicht zu ändern ist, das soll man jederzeit vergnügt geschehen lassen.

Johann Christoph Gottsched

Die Kunst des
Ausruhens
ist ein Teil
der Kunst des
Arbeitens.

John Steinbeck

Bibliografische Information der Deutschen Nationalbibliothek
Die Deutsche Nationalbibliothek verzeichnet diese Publikation in der Deutschen Nationalbibliografie; detaillierte bibliografische Daten sind im Internet über http://dnb.d-nb.de abrufbar.

Bildnachweis
Cover: © 2630ben/Fotolia.de ; Seite 2/3: © anekoho/Fotolia.de; 4/5: © Aaron Amat/ Fotolia.de; Seite 6/7: © pedrosala/Fotolia.de; Seite 8/9: © Zsolt Biczó/Fotolia.de; Seite 10/11: © tryptophanimal/Fotolia.de; Seite 12/13: © 2630ben/Fotolia.de; Seite 14/15: © to-eppefotografie/Fotolia.de; Seite 16/17: © frank11/Fotolia.de; Seite 16/17: © Jason Wells/ Fotolia.de; Seite 18/19 und 20/21: © lnichetti/Fotolia.de; Seite 22/23: © Leon/Fotolia.de; Seite 24/25: © nattanan726/Fotolia.de; Seite 26/27: © Andrew Bayda/Fotolia.de; Seite 28/29: © fovito/Fotolia.de; Seite 30/31: © Alena Yakusheva/Fotolia.de

Besuchen Sie uns im Internet:
www.st-benno.de

Gern informieren wir Sie unverbindlich und aktuell auch in unserem Newsletter zum Verlagsprogramm, zu Neuerscheinungen und Aktionen. Einfach anmelden unter www.st-benno.de

ISBN 978-3-7462-5157-8

Zusammenstellung: Volker Bauch, Leipzig
Umschlaggestaltung: Rungwerth Design, Düsseldorf
Gesamtherstellung: Arnold & Domnick, Leipzig (A)